了不起的中国古代科技与发明

蔡伦

制作蔡侯纸

KaDa故事 主编

猫十三 著　陈伟工作室 绘

史晓雷 审校

化学工业出版社
·北京·

图书在版编目（CIP）数据

蔡伦：制作蔡侯纸 / KaDa故事主编；猫十三著；陈伟工作室绘 . —北京：化学工业出版社，2024.1
（了不起的中国古代科技与发明）
ISBN 978-7-122-44493-6

Ⅰ.①蔡…　Ⅱ.①K…②猫…③陈…　Ⅲ.①蔡伦（? -121）-生平事迹-少儿读物　Ⅳ.①K826.16-49

中国国家版本馆CIP数据核字（2023）第225739号

责任编辑：刘莉珺　李姿娇　　　　装帧设计：史利平
责任校对：宋　夏

出版发行：化学工业出版社
　　　　　（北京市东城区青年湖南街13号　邮政编码100011）
印　　装：北京宝隆世纪印刷有限公司
880mm×1230mm　1/12　印张$3\frac{1}{2}$　字数50千字
2025年1月北京第1版第1次印刷

购书咨询：010-64518888　　　　售后服务：010-64518899
网　　址：http://www.cip.com.cn
凡购买本书，如有缺损质量问题，本社销售中心负责调换。

定　　价：39.80元　　　　　　　版权所有　违者必究

你知道纸是什么时候出现的吗？

在没有纸张的年代，人们使用什么材料进行书写呢？

古时候，人们用来书写的材料多种多样，有泥板、莎（suō）草（片）、贝叶、羊皮、甲骨（龟甲、牛肩胛骨）、青铜器、竹简、木牍（dú）、玉石、缣帛（jiān bó）等。

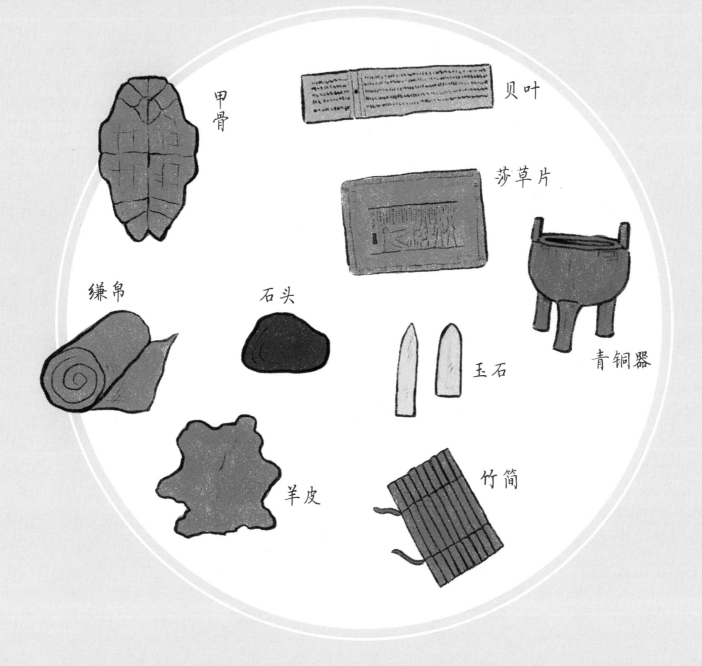

甲骨
贝叶
莎草片
缣帛
石头
玉石
青铜器
羊皮
竹简

我们现在使用的轻薄、顺滑、廉价的纸张，多亏了古人长期反复地实践，才制造出来。

世界上最早的纸，出现在西汉时期。不过，那时候的纸质地粗糙，制作工艺还不成熟。

到了东汉时期，出现了一位革新者，他就是蔡伦。

蔡伦改进了造纸术，发明了"蔡侯纸"，此后人们才得以用上了制造材料普通、价格便宜却好用的纸张。

蔡伦（约62—121年）出生于东汉明帝时期的桂阳郡（今湖南耒阳），曾任中常侍、尚方令等职，后被封为龙亭侯。

蔡伦是改进造纸术的大功臣。他采用树皮、麻头、破布和旧渔网等材料造纸，发明了"蔡侯纸"，将人们从依赖沉重的竹简和昂贵的缣帛进行书写和阅读的不便中解放出来。

你知道纸是怎样制造出来的吗?
一起来看看吧!

蔡侯纸的制造

准备原材料

蔡侯纸的主要生产原料是芦苇、麻料、树皮、草根、破布和旧渔网等,这些东西很容易获取,主要成分是植物的纤维。

嘿哟!

嘿哟!

芦苇:草本植物,茎可供编制席子,也可作造纸材料。

蔡伦的一天

"怎么还有这么多?!"
蔡伦看了一上午竹简。

"终于整理完了!"

"嘿嘿,下班!"

树皮：内里质地柔韧，是很好的造纸材料。

扔下去喽！

树皮飞走了！

麻料：一般采集植物田麻的茎秆作麻料。

哈哈，这小狗以为那东西能吃呢。

给我！

草根：草的根部。用作造纸原料时需将泥土清理干净。

渔网：新石器时代开始使用，一般用麻绳编制。

阳光照进窗子，照在竹简堆上，竹墨的清香慢慢飘散出来。

"今天天气好晴朗！"蔡伦哼着小曲儿。

"出门遛弯喽！"

蔡侯纸的制造

浸料

准备好的原料需要洗去表面的灰尘和杂质，再放进水里浸泡，直到变软、膨胀，然后放在阴凉处沥干水分备用。这一过程，叫作"浸料"。

你们说他能钓到鱼吗？

钓得到才怪！

上游全是人，鱼早就吓跑了。

嘿嘿，愿者上钩。

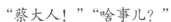
"蔡大人！""啥事儿？"

"新文书到了，给您搬进来？"

"搬？又有多少啊？！"

切料：切割整理好的材料，方便浸泡。

好像看到小鱼了……

浸料的好处：造纸的原材料经过长时间的浸泡，可以达到去除杂质的效果。同时，可以使材料更软，充分膨胀，方便下一道工序——拿皮。

"不多不多，就一车而已！"

"又来一车？还让不让人活了！"

蔡伦眼前一黑，差点气晕过去。

拿皮

将晾干的原料收集起来放入大木桶中，这时候倒些草木灰进去，再加水浸泡，慢慢地，原料的表皮就会脱落，留下里面的纤维。这一过程，叫作"拿皮"。

草木灰拿皮： 草木灰的作用类似石灰，具有碱性，可以强有力地去除麻料或者其他造纸材料的表皮和杂质。

计划泡汤的蔡伦心情很糟糕。

"这么多竹简，搬着费劲，看着也费劲。"

"看完一车又一车，无穷无尽，简直要命！"

哎哟！

怎么回事？
走路怎么不
看路呢？

草木灰能脱色，拿
它泡那些材料，能
使材料颜色变浅。

咱们做这么多草
木灰干什么？

小心别把桶
掉进河里。

草木灰

"哎哟……我的老
腰啊……"

等蔡伦整理完，太阳
也快落山了。

"不行，我得开溜。"

煮料

拿皮后的原料虽然没有了皮，但还是太硬了，所以要放入大锅里盖上盖子大火猛煮，盖子上面还要用石块压住。这个过程叫作"煮料"。

蔡伦开心地转到了城外。

"唉，用竹简来写文书真不是个办法。"他还是忍不住边走边想。

就在这时，他看到有一个老伯正在剥桦树皮。

嘿——哈——

古法今用：蒸煮是造纸的重要环节，一直沿用至今。在现代造纸工艺中，蒸煮是重要的制浆方法。现代造纸工艺还常用到机械制浆法和半化学制浆法。

都散啦，快捡起来！

爹爹帮我！
我要下去！

"老伯，您剥这些皮做什么？"

"桦树皮能做药材，可是宝贝呢！"

蔡伦仔细看那一片片又轻又薄的桦树皮。

焖制

可别以为原料煮一煮就可以拿来用了，还有好多工序呢。煮好的原料要叠放在蒸锅里，再焖上三天三夜。这个过程叫作"焖制"。

我在这儿蒸料，孩子妈在家蒸饼……

二齿钉耙（pá）：木棍顶端有两根铁钩齿，可以把麻料从锅里钩出来。

"对呀，用这个写字岂不甚好？"

蔡伦心中一阵狂喜，赶紧捡树皮。

"喂，你抢我的树皮干什么？"

蒸煮和焖制的注意事项： 在蒸煮和焖制过程中，需要有人在旁边留意锅内的水量和炉灶内的火势，防止火太大把锅里的水烧干，导致麻料烧煳、烧焦。

快，快！要不一会儿又得挨骂了。

刚摘的果子，新鲜着呢！

给我称一斤。

交易： 最早的交易形式是"以物易物"，也就是用物品来交换物品，后来才开始出现货币交易。

五铢钱： 汉代交易货币，铜制，上面用篆文写着"五铢"两个字。

"急什么嘛，我又不是白拿！喏，给钱！"

"嘿嘿，树皮宝贝还能换钱！"

蔡伦急忙跑回家去试。

"唔，不错不错！这个不错！"

13

蔡侯纸的制造

阴干

刚刚焖制好的原料非常湿热，不好直接处理，所以要放到阴凉通风的地方，晾到半干。这一过程叫作"阴干"。

阴干的作用： 阴干后的麻料无多余水分，但又没有完全干透，这样既不会流失纤维，也不会因为麻料太干而捣不碎。

留些桦树皮卖给药铺，嘿嘿！

桦树皮：可以入药，有清热解毒的功效。

"先藏好，过几天上报！"

几 天 后 ……
"啊，怎么回事？"

"怎……怎么会这样？"

晒谷：收割来的稻谷需要放在阳光下充分晒干，以方便储存。

今天天气好，正好晒谷子。

木耙：一种农具，用于铺平地上的稻谷。

原本平整光滑的桦树皮，竟然都变得皱巴巴的了。

蔡伦气得直拍大腿。

"幸亏没夸下海口，不然可怎么交差哟！"

舂捣

晾到半干的原料终于可以进行下一环节啦！这时候要把原料放到水碓（duì）里捣碎，直至表皮完全脱落，露出里面的植物纤维。这个充满节奏的过程，叫作"舂（chōng）捣"。

吃点果子吧。

谢谢！

翻翻均匀，舂得更细。

水碓：利用水流的力量来自动舂捣的机具。河水流过水车转动轮轴，再拨动碓杆上下舂捣。

蔡伦不死心，这天，他又去寻找竹简的替代品。

兜兜转转，他又来到城外。

"你给我！你给我！这是我的！"

"春"的运用："春"有捣碎的意思。在造纸过程中春捣麻料，可使麻料变软、分解。

缝缝补补又三年！

这件衣服也穿了好多年了……

鸭鸭！

捣衣：古代妇女在河边洗衣服时，会用棒槌反复敲打脏衣服，这样可以打出浑水，使衣物更加洁净。

两个小孩儿跑过蔡伦的身边，险些把他撞倒。

"这俩淘气包，走路能不能……"

话没说完，蔡伦一下子就被孩子们手中的东西吸引住了。"哎哎哎！你们站住！"

蔡侯纸的制造

浸泡

春捣好的植物纤维现在已经变成一丝一缕的啦，接下来要洗掉上面的杂质和碎末，洗干净后还要放在水缸里浸泡一天一夜才行。

快！快去把料捞回来！

"你手里拿的是什么？"

"你说这个小薄皮吗？"

"小薄皮？"蔡伦忽然眼前一亮，"小毛头，你这个东西哪儿来的？"

犁：耕地用的农具，可以由牲畜牵引，也可以人力推动。

我就说要下雨，你还不信！

糟糕，涨水了，料都冲走了！

造纸作坊的选址：造纸的许多环节都需要用水，所以人们也会干脆将造纸作坊设在河流旁边，直接利用河水冲刷、浸泡和洗涤原料，十分方便。但如果遇上河流涨水，原料就可能会被冲走，损失惨重。

别告诉他小白在这里。

小白，你在哪儿？

"我不告诉你！除非你把帽子给我戴一下！"

蔡伦一跺脚，把帽子递给小男孩："拿去！"

"喏，就在池塘那边！"

反复舂捣、浸泡清洗

　　舂捣和浸泡清洗的环节需要重复很多次，甚至要加上用手舂捣的环节，才能使植物纤维分解得更细。在这个过程中，纤维被挤压、撕裂，才能成为合格的纸浆。经过反复舂捣、浸泡清洗后的原料，颜色会渐渐变浅、变白，这样做出来的纸才能更白。

舂捣→浸泡清洗→舂捣→浸泡清洗→……

辘轳（lù lu）：汲水装置，利用轮轴原理将深井中的水打上来。

哇，我打上来一条小鱼！

真的？井里有鱼？

这料不是得放在棚子里阴干吗？

今天阴天，没事。

"喏，把池塘里的东西捞上来，摊在席子上，晒干了就变成小薄皮了。"

蔡伦两眼放光，内心抑制不住地狂喜。

一个惊天大发现就要浮出水面了！

20

石臼：石头制成，用来砸、捣或研磨药材、食品等的生产工具。

古法今用：在现代造纸工艺中，舂捣和浸泡清洗的步骤由水碓舂捣变成了机器碎解，大大缩短了工作时间，提高了工作效率。

他要回了帽子，又跟两个小孩儿要了几片小薄皮，匆匆忙忙地跑回家。

他拿起毛笔，在上面唰唰唰地写了起来。

"我找到啦！我找到啦！！"

打浆

经过反复多次的舂捣和浸泡清洗，植物纤维已经分解得相当细了，这时候把这些碎纤维放进水池中，用长棍反复搅打，直到浆液的手感顺滑为止。这一过程叫作"打浆"。

搅打：将捣碎后的植物纤维放入水池中，进一步搅打、粉碎纤维。

他可真有劲。

门外的两个手下吓了一跳。"怎么回事？蔡大人疯了不成？"

不一会儿，蔡伦冲出来说："你们两个，快跟我走！"

蔡伦不由分说，拉着他们就往外跑，一直跑到了那个池塘。

古法今用：在现代造纸工艺的打浆环节中，纸浆的浓度、温度、长短纤维的配比、打浆时长等，都是需要格外注意的。不同的打浆标准可以生产出满足不同需求的纸张。

池塘臭烘烘的，旁边还散落着几张晒好的小薄皮。

蔡伦兴奋地指着池塘："快把池塘里的东西捞出来，看看到底是什么做出了这等写字的好材料。"

两个手下"哦"了一声，弯腰捡了几根树枝，在池塘里挑来挑去。

抄纸

经过反复搅打的纸浆，已经变成非常细腻的絮状物，这时候，将抄纸帘放入纸浆池中捞起，帘子上就会留下一层薄薄的湿纸页。这一过程叫作"抄纸"。

古法今用： 在现代造纸工艺中，原来的手工抄纸已经被机器抄纸完全取代，所用的抄捞工具也由原来的竹质变成金属或塑料质，网眼更小，抄出的纸也更加细腻。

砍竹：做抄纸帘需要选择砍笔直且竹节长的竹子。

还挺划手……

看我快刀斩乱竹！

破竹：将竹子破开、分片，再拉成细细的竹丝。

他们挑啊挑，终于挑上来一坨黏糊糊、臭烘烘的东西。

蔡伦却不嫌脏，拿着木棍戳来戳去，在那堆东西里仔细地翻找。

那坨"浆糊"里尽是一些破布头、破渔网之类的东西，它们互相缠绕，烂得一塌糊涂。

抄纸时，将抄纸帘放入纸浆池中反复抄捞、晃荡，直到植物纤维均匀地附着在抄纸帘上。

为什么啊？

抄纸帘：用竹制成，编织得很细，可以将纸浆中的絮状植物纤维抄起。

因为这样更均匀呐。

今晚竹笋烧肉。

经过反复搅打的纸浆，已经变成更为细腻的絮状物了。

抄纸的时候记得晃晃帘子。

"原来真正的书写材料就藏在这里呀！"

"蔡大人，您是说，这玩意儿能写字？这……"

"这你们就不懂了吧？等着瞧好戏吧！"

25

竹片拉丝真是个精细活儿啊！

编竹帘更是精细活儿呢。

制帘：将一根根的细竹丝编织成帘，放在阳光下晾晒几日。

蔡伦回到家，让人准备了好几口大锅。

大锅里倒上水，下面生起火。不一会儿，腾腾的热汽就升了起来。

蔡伦吩咐手下，把一些碎布、丝麻丢进锅里，然后用大木棍不停地在里面搅拌。

蔡侯纸的制造

晾晒

湿纸页刚从纸浆中抄捞出来时，还带有大量的水分，需要放在太阳底下晾晒，直到水分完全蒸干。所以，要提前看好天气哟。

你那个摆歪啦，要朝着太阳。

哦……
这回呢？

古法今用：现代造纸工艺已经不再使用在阳光下晾晒的方法，而是利用机器压榨和热风烘干的方式，去除湿纸页中的水分。

然后倒入大池子，反复搅打，直到池子里的浆液变得细腻、柔滑。

蔡伦拿起帘子，在那层浆液里一抄，薄薄的浆液如同一层纱布，轻轻蒙在帘子上。

蔡伦开心得手舞足蹈。

最后一步——揭纸

晒干后的纸十分轻薄，很容易撕坏，所以将纸从抄纸帘上揭下来时，需要特别小心。揭下后，一张可以用于书写的纸就做好啦！

纸都让你给抓坏啦！

帘子被放在太阳底下暴晒，没过多久，那层薄薄的东西便脱落下来。

蔡伦把那层东西捧在手里，激动得眼泪都掉下来了。

他冲出门去，高兴得大喊："哈哈哈！是这个！就是这个！"

古法今用：在现代造纸工艺中，揭纸这个环节已不复存在。经机器干燥后的纸会被卷成卷筒，再进行切割和包装，生产出不同规格的纸张。

纸鸢（yuān）要这样放。

别急，奶奶用糨糊给你糊一个。

娘，我的纸鸢挂树上了……

纸鸢：东汉时期，蔡伦改进造纸术后，人们开始用纸来做风筝，这种风筝称为"纸鸢"。

又是你过来捣乱！

干燥后的纸极轻极薄，揭纸时需要多加小心，以免将纸张撕坏。

"有了这个，我以后再也不用看竹简看得腰酸背痛啦！"

就这样，既轻薄又便利的书写材料——纸，就造出来了。

后来，人们在蔡伦的造纸工艺基础上渐渐改进，才有了我们今天日常生活中使用的洁白光滑的纸张。

中国纸的演化

中国科学院自然科学史研究所原副研究员、科技史博士　史晓雷

造纸术的发明是人类文明史上的一个创举。东汉的蔡伦改进了麻纸技术，发明了木本韧皮纤维造纸技术，对纸的生产、使用和传播做出了重大贡献，是承前启后的造纸技术革新家、发明家和推广者。

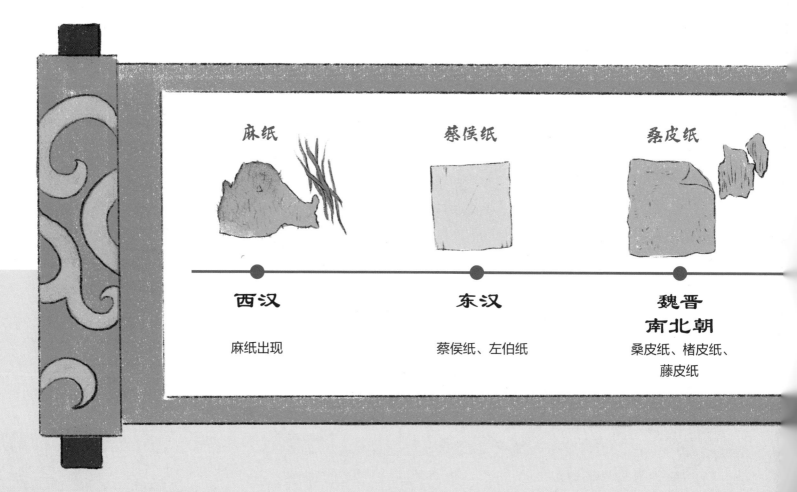

麻纸　　　　蔡侯纸　　　　桑皮纸

西汉　　　　**东汉**　　　　**魏晋南北朝**

麻纸出现　　　蔡侯纸、左伯纸　　　桑皮纸、楮皮纸、藤皮纸

现代造纸技术

现代造纸工业已经实现了机械化生产，以可再生资源（主要是木材）为原料，形成了绿色循环和可持续的发展模式。

竹纸

谢公笺

毛边纸

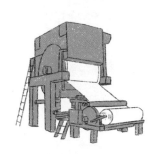

**隋唐
五代**

薛涛笺、宣纸、
硬白纸、鄱阳白、鱼子笺

宋元

还魂纸（再生纸）、
谢公笺

明清

宣德纸、泾县纸、
连史纸、毛边纸

晚清

1884年，引进西方
近代机器造纸技术

小小发明家实验室

今天的实验，我将带大家一起体验造纸的过程，了解我国四大发明之———造纸术！

准备材料：

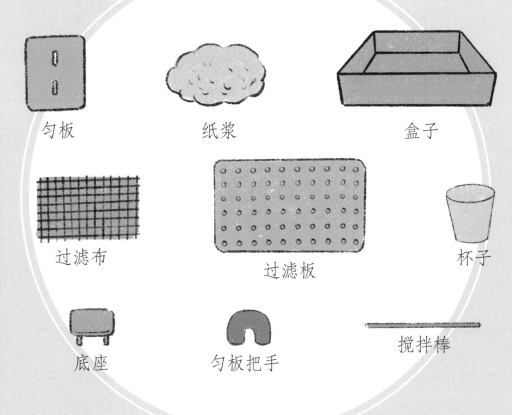

匀板　　　　　　纸浆　　　　　　盒子

过滤布　　　过滤板　　　　杯子

底座　　匀板把手　　搅拌棒

第一步：

将纸浆放入杯中，倒入适量的水，搅拌至糊状。

第二步：

将底座安在过滤板下。

将过滤板放入
盒子，铺上过滤布。

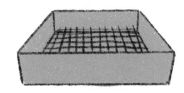

第三步：

安装匀板，用匀板
刮干水分。

将糊状的纸浆均匀地倒在
过滤布上，再铺一层过滤布。

第四步：

揭开过滤布，拿出
纸张，放在阳光下晒干
或者用吹风机吹干。

一张纸就做好啦！

因为过滤布比造纸
用的抄纸帘柔软，如果
先晒干后揭布，可能会
造成粘连，将纸撕坏，
所以这里先揭布，后
晒干。